여명을 피울 준비는 되었더냐

김효순 낭송시집

호맥

여명을 피울 준비는 되었더냐

저자의 말

스치고 지나간 뒤의 모습은
처절한 낡음
낡음은
쓰고
남은 것이 있다는 것
다시 시작해야 할 것이
있는 것이다
청춘을 묻어 두고
출렁이는
바다를 이겨 내고
강으로 기어오르는
연어가 되어,
고향의 노을빛을 받아
어둠은 어두운 대로 두고
삭음으로 마쳐야 한다.

삭음에는
낡음도 있으므로
온전한 마침이 될 것이다,

적극 도움을 주신 한국예술인복지재단에
감사의 마음을 보냅니다,

흑백 사진 앞에서
김 효 순

|저자의 말 / 김 효 순

제1부 갇힌 거냐 못 떠나는 거냐

14 • 발목을 휘감던 물결은
16 • 입추와 백로 사이
17 • 박꽃
18 • 아름다운 이
19 • 삭는다는 건
20 • 살아 있음은
21 • 늙은 애미
22 • 갇힌 거냐 못 떠나는 거냐
24 • 그렇게
25 • 사랑아
26 • 공존의 숲
27 • 내 안의 허공
28 • 이 가을엔
30 • 당신이 나의 빛이오
31 • 가슴이 따듯해지는
32 • 곰삭은 벗 하나 있었네
34 • 명자나무 꽃
36 • 내 살아감의 이유

제2부 새가 집을 짓듯이

38 • 노추기
40 • 잔설이 아니다
41 • 석양
42 • 나목
44 • 고사목
46 • 새가 집을 짓듯이
48 • 규화목
49 • 설중매
50 • 겨울 모기의 집
51 • 서쪽 산이 높았을 뿐이었는데
52 • 고독을 보다
53 • 가을국화
54 • 묻지 말자
55 • 바람과 시간
56 • 오리의 생각
57 • 거미
58 • 가을 나무·2
60 • 빙하호
61 • 같은 곳에서
62 • 안빈낙도

제3부 계곡의 울음소리

64 · 老秋노추
65 · 우연에 기대며 살 때도 있다
66 · 草而초이
67 · 계곡의 울음소리
68 · 어르신
70 · 중년의 가을
72 · 바람과 산과 나무
73 · 멋쩍은 웃음
74 · 팽나무
75 · 배반의 삶에 있을 때
76 · 동백은 투신한다
77 · 일몰에 가장 커 보이는 해
78 · 고사목을 보며
80 · 그걸 몰랐었네
81 · 낙엽 된 시간들
82 · 바람은 늘 내 곁을 지켰다
83 · 낙엽에 쓰는 편지
84 · 멋지게 웃기 때문에

제4부 묵은 나무는 회색이 된다

86 · 이 눈물은
88 · 또 다른 여정
90 · 추억 한 장면
92 · 아들과 애비
94 · 드넓은 세상에서
95 · 붉은 사막
96 · 나에게
98 · 여명을 피울 준비는 되었더냐
100 · 겨울 바다에 서서
102 · 위 내시경
103 · 묵은 나무는 회색이 된다
104 · 고목
105 · 뜬장 속의 개
106 · 빼기
107 · 모험이었지
108 · 폐허 위에 피는 꽃
109 · 늙은 호박
110 · 엉겅퀴 꽃
111 · 유리벽
112 · 합장한다
114 · 남은 자의 몫

제5부 세상의 모든 것은 뿌리가 있다

118 · 넝쿨
119 · 꿈이려나?
120 · 윤동주의 부끄럼 없기를
121 · 봄 살이 꽃
122 · 벚꽃
124 · 꽃사슴 있다는 산
125 · 다만
126 · 헛웃음
128 · 바람
129 · 세상 모든 것은 뿌리가 있다
130 · 산불
131 · 희망이 보인다
132 · 금낭화
133 · 문열이
134 · 춘화
135 · 모닥불
136 · 봄마중
138 · 이름 하나 들고

제6부 냉이 꽃처럼 살아 보자

142 • 참매
143 • 나의 밤을 바친다
144 • 상시 도전
146 • 바람의 길은
147 • 냉이 꽃처럼 살아 보자
148 • 어느 들꽃
149 • 씨앗
150 • 무궁화
152 • 슬픔
153 • 새해 아침
154 • 크는 중이다
156 • 안개는
157 • 눈 딱 감고
148 • 거꾸로 가는 시간에 서서
160 • 뒷모습
161 • 얼마나 더
162 • 만추에
163 • 老木
164 • 거울

제7부 살아감에 대한 자세

168 · 승무
170 · 공연장에서
171 · 얼굴
172 · 너 떠난 후
174 · 이끼
175 · 4차 인간
176 · 살아감에 대한 자세
177 · 그림자가 하는 말
178 · 헤르메스
179 · 뭉치지 마라
180 · 그림자는
181 · 몽돌
182 · 끝물
184 · 모르고
186 · 소풍

제 1 부
갇힌 자나 못 떠나는 자나

발목을 휘감던 물결은

절망의 바다에 빠져
주체할 수 없이 가슴이 억눌린 때
희망이 슬픔이 되고
꿈이 책임이 되는
물결이 발목을 휘감을 때
생계와 꿈이 같아지더라
그렇게 허덕이다가
꿈을 이루었다고 하는
지금
기억의 문을 여니
그때 천금 같던 어깨의 무게가
하루하루 시험 당하던
그 청춘이 뿌리였더라
눈길을 보낼 곳이 없어
하늘의 별을 보게 되고
땅 위에 있는 나를 찾지 못하고
슬픔과 외로움은
성모상 앞에서 삿대질하며 울어댔지
오롯이 내가 벗어나야 하는
바닥이 보이더라
내가 만나지더라
갈 길이 보였지

성모상 앞에 다시 섰지
더 노력하지 않고
불손하게 굴었음에 죄송함을 조아렸지
발목을 휘감던 물결은
나를 내가
사랑하게 만들었지

입추와 백로 사이

나뭇잎이 물들어 간다
우리 둘이
그때쯤부터
하나였던 마음이
둘로 갈라져 간다
중심엔 아직
촉촉한 물기를 머금고 있는데
시들어져 간다
헤어짐은 언제나
한쪽의 어긋남으로 시작된다
원하지 않아도 멀어지는 것이
사랑이지만
멀어짐에
눈물을 바칠 수 없다면
사랑할 자격이 없다
싱그럽고 진실한
선명한 이별
단풍으로
입추와 백로 사이
오늘부터

박꽃

전생
장미였다가
따가운 햇빛과
바람이 아파
져 버린 꽃
소복 입고
어둠에 살아
업장 소멸하려
토방에 피어난 비구니
고결해서 애처롭고
애처로워 고결한
달빛 닮아
차가운 듯
소박하게 피어난 꽃
박꽃

아름다운 이

아름다운 이를 보고
눈물이 났다
저런 사람도 있구나
"우리 개가 달리더라고요. 웃으면서……
처음 봤어요
새만금에서 같이 막 뛰었지요
달리는 걸
사람에 맞추느라고
안 달리는 거였어요."
그런 게
훈련이라는 걸 아시나요
일방적인 강요도
받아들이며 살았던 거죠
동물이
이질감 없이 사랑하고
어떤 생명체인 사람의
다름을 알고
받아 주고
기다려 주고
스며들 듯
가족이 된 그들을 보며
사람살이를 생각해 보았다

삭는다는 건

시간이 흐르면
보내야 하는 것들이 많지
정에 삭은 사랑을 보낼 때도 있지만
세월에 삭은 물건도 있다
누군가 쓰다
또 누군가 물려받아 쓰고
기름 먹인 듯
반질반질 손때 묻은
오래 묵은 키 하나
시간의 흐름을 한껏 머금은 채
시렁 위에 걸려 쉬고 있다
삭은 홍어 한 점
검고 주름진 손으로 입에 넣어 주며
울림으로 살던 그 시절
몸도 삭고 시간도 흘렀지만
가난으로 지낸 정취는
그저 흐뭇한 눈으로 미소가 흐른다
삭는다는 건
몸부림치며 살아 낸 흔적
나누던 잔정이 녹아 있는
또렷한 장면들이 보인다
삭는다는 건
시간이 주는 선물이기도 하다

살아 있음은

불꽃 없는 생은
살아 있음이 아니다
살아감에 불꽃을 만들
장작이라도 있어야 합니다
잔가지라도
불꽃은 일어납니다만,
열반에 든 와불처럼
편히 누워 보아도
과한 열정이 코피로 흐릅니다
생의 푸른 주단을 펴 보자 하니
온몸의 혈류가 반기를 듭니다
이러할 때
사랑이 있어
내일이 살아지는 게지요
용기를 내어
내일은 솔가지라도
태워 봐야겠습니다

늙은 애미

늙은 애미는
어스름 푸른 새벽까지
잠 못 이뤄 뒤척이는데
이름 모를 어린 새
쉰 목소리로 운다
지난밤
애미의 잔소리에
마음 상해 우는 게냐
우지 마라
우지 마라
늙은 애미
늙은 서러움에
한풀이라 생각해라

갇힌 거냐 못 떠나는 거냐

깊은 산
좁은 계곡에
갇힌 거냐
못 떠나는 것이냐
운무 드리워진 그늘에
검은 바위 끌어안은
이끼
그 폭신한 품에
한 잎 고사리
한겨울에도 푸르다
세월 간들
늘 그 키에
꿈은 피워 보았느냐
사랑은 아느냐
강인한 정신만으로
무엇 때문에 사는 거냐
허송세월한 지금
한편으론 허탈하고
한편으론 두렵고
이제
아무것에도
몸 바칠 수도 없는

허무에 지쳐만 가는데
운무를 벗어나고 싶고
어둠을 밝히고 싶은 이유 있음은
살아 있음 탓이려니
젊어서나
늙어서나
살아간다는 것은
광막하고 아득하여
사랑은 절실하다

그렇게

굳은비
잠시 그치고
검은 구름 사이 내리는 빛
바다 위에 내리면
그렇게
너에게 나는
빛으로 살아나는 섬이듯
푸른 추억 되어 있음에,
이젠
저녁노을 물든 바다 위에
황홀한 섬으로 살아나듯
너에게 나는
붉은 기억으로 남아
드넓은 바다 위에
그렇게
하늘빛으로 맞닿아
살았노라 할 수 있기를

사랑아

이 마음
질러도 질러도
가라앉히지 못하는 사랑아
웃을 수도 울 수도 없네
속내를 다 드러내
영혼마저 비워져
남아 있는 시간도 없는데
청명한 하늘에 놓인 바람처럼
언제나 날 수 있을까
목을 놓고 울고 싶다
아직도 모자란
아직도 차지 않는
여기까지가 될까 봐
온몸이 저리도록 매달려 봐도
여기가
한계일까 봐 애가 탄다
애가 탄다
한 생명이 될
詩 한 편 나올 때까지
목숨 바칠
아!
시인의 사랑아

공존의 숲

먼 옛날
어느 별나라에서
유성을 타고 왔을 거야
너는 개로
나는 사람으로
우리는
공존의 숲에서 산다
난
너를 알아볼 수 있었던 거야
너도 그럴 테니까
우리는
내가 나로 살아갈 수 있고
네가 너로 살아갈 수 있지
일방적이지 말자 우리……,
말하지 않고도
교감할 수 있지 우리는
공존할 수 있으니까

내 안의 허공

등받이가 없는 의자에 앉은 것처럼
내 안의 허공을 느낀다
배터리가 떨어진
자동차가 되어
충전의 길을 찾을 때
나를 완성시켜 주는 당신
사랑은
뒷모습이 보일 때이다
이제야
틴들 현상 속에
당신의
기울어진 어깨가 보인다

이 가을엔

반딧불이
유성처럼 흐르는
강둑을 거닐다 보면
이별의 심정이
밀물처럼 밀려온다
가려거든 울지 말아요
울려거든 가지 말아요
그런 애틋한 일 없으니
얼마나 가물게 살아가는가
그럼에도
싸한 그리움 가득한 건
참 이상한 일이지
누구나
그런 사랑하는 듯이
중년의 가을엔
말초 신경까지 붉은 단풍 든다
모든 것이 이별인 계절에
만날 수 있는 사랑
그 사람은 언제나
늘 곁에 있는지도 모르지
이제
한 걸음

내디뎌 봐야 하는지도 모르지
이 가을에는
바람이 부는 대로
흘러가는
구름이 되어 볼까

당신이 나의 빛이오

숨통 조이는
깊은 어둠 속
절망의 늪에서
끌어내어 준
한 줄기 빛
구름 사이로 빨려 들어가듯
빛이 없어 색깔마저 없는
깊은 바닷속에서 당겨 내어
비취 면류관을 씌웠네
이 사랑에 눈물이 난다
네가
나의 빛이었구나
빛 너머 어둠은
이제
푸름보다 맑다
아니 밝다
아니 투명하게 눈부시다
감사하오
감사하오!
당신이 나의 빛이오

가슴이 따듯해지는

용건 없는 전화
"잘 지내시죠?
그냥 했어요."
가슴이 따듯해지는 때가 있다
불현듯 스치는
고마움과 미안함
나는 왜
언저리 정
먼 울타리 밑 깊은 정
그걸
먼저 챙기지 못하고 살까
오늘
시 작은아버님 장례식
영정 앞에서
죄송하다는 말만
자꾸 나와
눈물만 흘렸다
또 하나의
후회를 남기고 말았다

곰삭은 벗 하나 있었네

종자 씨앗으로 품었던
밤톨 한 알
묻었네
우리는 산 위에
하얗게 피어나는 구름이었지
속세에 절어 살아도
남들
칭얼대면 웃어 주고
아프다면 안아 주고
그리움에 한숨 쉬면
손 잡아 주면서도
우린
안 아픈 척
안 힘든 척
그렇게 사는 법이 같았지?
산 위를 흐르며
해 오름 저쪽 동해에 살았지
지금은
까마득한 거리에 떨어져 살게 되었네
자네 떠났다는 소식
온몸 떨림에
검은 밤 하얗게 보냈다네

서로 다른 세상을 가는 거지?
이생은 지금
바이러스로 혼돈과 두려움의 날들이라네
자네는 자리 잘 잡았는가?
다시 만나면 날 알아볼 수 있을까?
나 뒤에 가면
청까치 둥지 튼
비목나무 위에서 만나기로 하자
이제 좀 덜 떨리네
그래도 보고 싶어!
자꾸만 눈물이 나네

명자나무 꽃

자야 자야
명자야
외사촌 언니 닮은 꽃
매화가 되려 했나
동백이 되려 했나
사나운 봄 날씨에 피고 지고
맏딸로 태어나
궂은일에 앞섰던 삶에
우아한 매화도
탐스런 동백도 될 수 없어
명자가 되었더냐
담장 대신한 마당 끝에서
집안을 넌지시 지켜보는 꽃
올봄은 가물어
꽃봉오리 필 듯하더니 잎이 되고 말았네
지난해엔
불난 듯 피더니
올해는 잎만 무성한 채
꽃이 드문드문 피었구나
살아가는 것이 변화무쌍하네
외갓집 큰언니도
너 닮은 채 아름다웠다

저 언덕 너머 계신 분께
매화꽃 한 송이 띄워
꽃차 한 잔 올려 본다

내 살아감의 이유

살아감의 고개 있음은
오르는 바람
내리막 바람의 길 아닌가
큰바람 잔바람
그때그때마다
이유 있음을 아는데
내 살아감의 바람은
이리저리 밀려다니다
여전히
한계령에 걸려 있다
숨가쁘게 올라서서
구름 타고 가려 하나
아직
떠날 생각 없어
방향 모호하다
내 살아감의 이유
바람과 사랑하게
되는 순간까지
견뎌 내기

제 2 부
새가 집을 짓듯이

노추기

태어나면서
죽어 가는 우리들
사춘기가 있고
갱년기가 있다면
노추기도 있다고 말하고 싶다
불꽃 꺼진 숯불의 재 같은
저만치 끝이 보이는 즈음
잉여 인간이 된 건 아닐까
어? 내 맘대로 안 되네
기억력은 떨어지고
시간은 없는데
놓치고 사는 건 없는지
잠을 설치기 일쑤이고
이유 없이 아픈 곳만 늘고
먹고 싶은 것도 없고
아침이면 일어나기 두렵다
뭔가 잘못되고 있는 것 같다
처음 늙어 보는 것이니까
저승문 앞에서 사니까
노추기에 대해 알아 가야 한다
내 안의 놀라움을
발견해 내는 것이 삶

서툰 모든 것마저도
햇빛 냄새나는 마당에서
겸허히
받아 내야 한다

잔설이 아니다

만년설은
결코
잔설이 아니다
시간을 알려 주는 모습일 뿐이다
눈인지 구름인지 모를
그곳에
독수리가 되어 날아오르리라
새라고 말하지 마라
삶은 수수께끼
알 듯 모를 듯 살아 내어도
절대 볼 수 없는
달의 뒷면이 될지라도,
21세기 모두가 나를 기억 못해도,
시지프스의 땀 맛을 보리라
주저앉은 어떠한 삶도
살아 있는 한
잔설이 아니다

석양

허물어진다
허물어진다
쪽빛 바다에 석양이 닻을 내린다
꿈이 달려오는 것을
보고 있었을 것이나
그 꿈이 이미 지나쳤음을
나만 몰랐던 것일까
허공을 물들인 구름조차
색채와 무게를 내던지려
블랙홀로 빨려 나가고
타임캡슐이 열리듯
첩첩산중 구름바다 위
섬의 머리만
점. 점. 점으로 남았다
그중 어느 점 갈비뼈 안쪽
평탄한 지상과 닿는
세월이 만든 어두운 동굴
동굴 끝엔 빛도 없어
눈도 없는 미끈 망둥어
바다로 향한 눈을 열기 위해서
꿈틀거린다

나목

눈발 날리는 날
산모퉁이 지나며
한 팔 꺾인 나무 한 그루에
마음 철렁.
죽었나?
戰後 시절을 살아 낸
아버지의 모습같이
무거운 어깨를 드러내던
꺼멍 목피
고달프긴 했을 테지
바람길에 서 있었음을 아니까
아프다 마음이
고사목 된 건 아니겠지
아닐 거야
겨울 내내 머릿속 한편에
그림자처럼 서 있었다
지루한 긴 겨울
따스한 날이다 싶으면
연신 다가가 살피던 어느 날
아!
반갑다
고맙다

겨울을 지탱해 낸
나목은
안쓰럽고도 든든하다

고사목

어느 겨울 산에
벌레 먹고 병들어도
살아 냈을 저 나무
싹을 틔워 꽃 피우고 열매 떨구었을
백골이 된 저 혼
天葬천장으로 치러져
상고대 산호초로 피었다
죽어서도 사는 길은
순리대로 사는 일
바람에 펄럭거리며
살아야 하는 우리
시간이 멈추었으면 좋을 것 같던
순간은 아주 조금,
오체투지로 무릎 꿇으며
살아야 할 날은 너무도 많다
우리는
너로 하여
나로 하여
마음 다쳐
몸 아프게 하지 말자
나의 혼을 흔들어 놓았기로
너의 혼마저 떠나지 못해

그리 삭막한 영혼이 되었는가
사랑은 하나로 통하는 문
이슬로 사라져 버릴
온 길보다
더 먼길 떠나야 하는
우리들

새가 집을 짓듯이

조문 가는 길이다
태어남과 죽음이 허망하게도
자신의 의지와 상관이 없다
도망칠 수도 없는
시간과 공간의 터전에서
스스로 만드는 기쁨의 빛깔은
대체 어디에서 나오는가 말이다
옴짝달싹 못할 보도블록 사이에서
그마저도 감사하다는 모습으로
노란 민들레 피어 있다
향로 가득 피어나는 연기 속에서
영정 사진도 평온한 모습인데
각자의 갈 길을 보고 있는 조문객들
가장 슬픈 영정 사진을 보고 있다
시초와 종말이
우리의 뜻대로가 아님을 실감하면서,
도착지도 모르고
그저 살아간다는 건
얼마나 공포스러운 일이겠는가마는
새가 되고 싶다면서
혹은 바람
혹은 구름이 되고 싶다면서 살아 내고

영혼의 안식처는
열반의 길 염치없어
허공을 기대해 본다
새가 집을 짓듯이

규화목*

아무도 깨울 수 없는 곳
되돌아갈
여분의 틈도 없이
순간
빛은 잠들어
뿌리조차 어쩔 수 없이 잃었다
눈도
입도
배설도
기능이 멈춘 지 얼마나 되었을까
푸르른 폐허의 날들
푸른 세포가 새겨진
QR 코드
石化석화 환생되었다
수억 년 지났다고 했다
운해 속에 갇힌 사람
얼마나 더 지나야
꽉 찬
내가 될까

*규화목 : 나무 화석

설중매

눈 속에 핀다지요
눈처럼 진다지요
그래서 더 아름답다지요
사실
아름다움을 보려 하는
마음 때문인 것이지
그 삶은
온통 고독이랍니다
온통 고달픔이랍니다
혹독한 겨울 속
언 땅에 꽃을 피운다는 게
그냥 되는 일이었겠습니까?
새하얀 눈 위에
혼자 살아 내는 일은
또 얼마나
눈물나는 일입니까
세상 한 귀퉁이
여기에도 한 송이
용트림 속에 피워 내니
고생한 보람 있더이다만
다시 또 피워 보라면
못할 것 같소이다

겨울 모기의 집

등에 업기만 하고
내려놓지 못하여
굽어 버린 굽등이는
집으로 갈 수도 없다
몸뚱이 열린 창문마다 어두워지는데
세월이야 묻혀진다지만
묻어 둔 기억들
눈을 뜨고 일어난다
백 살에 못 미치는 노모
행실은 없고
개미 목소리가 되어 가는데
겨울 모기처럼 성가셔 한다
혈육이 있은들 없은들
한 번이라도
외로우냐고
물어보기라도 하지
그래도
늙은 모기들만 모여 사는
여기가 좋다 할 텐데
겨울 모기 집에선
오늘 또
단풍 한 잎 떨어졌다
쫓기는 노을은
빼앗은 바다를 버리고 간다

서쪽 산이 높았을 뿐이었는데

방향도 모르고 도착한
소박한 여행지
하늘이 손바닥만 한
산중에서
아침을 맞는다
멀리
산봉우리 하나
햇살을 안기 시작한 그곳이
동쪽이려니……
세상살이도 그랬다
서 있는 내 위치도 모르고
살아가다가
동쪽이 아니란 걸 알게 되고……
해는 늘
동쪽에서 뜨고
서쪽 산이
높았을 뿐이었는데

고독을 보다

고독
어쩔 수 없이
너를
평생 곁에 끼고 산다
밤새
외로움의 수만큼 맺힌
풀잎 끝 이슬 속에
나의 얼굴 보인다
호수에 비친 하늘이
호수의 얼굴이 아니라는 듯
마당 위의 이슬은
햇살을 안고
다시
승천한다

가을 국화

짜증나게 무더워
낮더위에 지친
소나기가
참다 못해 결국
통곡으로 운다
아랫도리가
벌겋게 타들어 가며
화끈거리던 정수리에
꽃을 피워야 하는
가을 국화는
온몸을 적신다
살 때가 되려니
이런 때도 온다
얘야!
너무 조급하지 말자
밤비가 온다

묻지 말자

모든 걸
용서할 수 있는 풍경은
오래된 정원이다
한순간을 사는 것도 아니고
세월이 가만히 두지도 않는다
완벽할 수 없는 사람
봄에 싹이 트고
여름에 꽃을 피우고
가을에 열매 맺고
겨울 되면 쉬는 거지
살아가는 방법을
배우고 있을 뿐이야
꽃이 지는 이유를
묻지 말자
세상에 용서할 수 없는 것은 없다

바람과 시간

힘들다
그래
마음도
바람과 시간 같은 것이지
저 나무처럼
아무 일도 없는 듯이 묵묵히
텅 빈 어둠처럼 고요히
찬란한
아침을 기다리자
또한 지나가겠지
감긴 태엽이 풀리는 듯이
시한부 생을
그렇게 살다 가고,
더러는
바람을 안고 사는 오리처럼
솟대 위에
다시 태어나기도 하지

오리의 생각

눈뜨면
숨쉬면
한시도 현실과
부딪히지 않으며 살 수 없었어
상어는 부레가 없어
죽기 전까지
헤엄치지 않으면 안 되었던,
그래서
바다의 왕이 된
상어처럼
주어진 거친 숙명으로 인해
강인해진 조건으로
운명을 만드는 거야
바람을 안고 살아야만 해
물갈퀴가 주어진
오리로 사는 것도
마찬가지일 수 있어

거미

신과 인간의 싸움에서
분노한 아라크네는
아테나의 저주로
거미가 되었네
나는 얼마나
어떤 거미줄을 엮다가
여기까지 온 걸까
끊어지고
엉키고
다시 또 엮기를 수없이,
그래도
밤새 이슬 엮었을 때는
짧은 시간 행복했던 때였을까
햇볕 찬란해지면
더욱 빛났지만
순간
영롱한 구슬 사그라지듯
모든 것은 허상이었지

가을 나무·2

가을이 왔다는 건
지고 싶지 않은 밤송이가
땅바닥에 수북하게
쌓이는 서늘한 날들
그래도 나는
땀을 흘리고 있다
인생의 전반부는
치장을 위한 시간
이제부터
진정 이루고 싶었던
꿈의 투시도
켜켜이 담아 둔 단물을
모두 바쳐
결실을 피워 낼 시간이다
그리고
겨울이 오면
무언가를 하는 거야
얼음 한 덩이 품고 산
가슴 열어 놓아도 좋으리
땀흘리지 않고
풀어놓기 좋으리
몸짓은 마음보다

늘 거짓인 것을,
몸이 뜨거운
가을 나무
마음만 바쁘다

빙하호

만년설이 흘러와 만든
에메랄드빛 호수
야생의 것이어서
순수해 보일까
태초의 모습이다
노랗게 물들어 가는
자작나무와
물에 잠긴 채
살아가는 나무들
경외로움으로 바뀐다
나에게 넌
한 편의 그림이 된다
빙하호가 내다보이는
늙은 집에서
며칠
묵어 보고 싶다

같은 곳에서

무슨 이유도 없이
불쑥불쑥
뵙고 싶은 마음이
별처럼 피어나곤 합니다
그 어느 날은
같은 곳에서
같은 것을
바라본 적도 있었던 것처럼
같은 곳에서
하나는 밝음으로 떠나고
하나는 어둠으로 떠난다고
그대와 나는
하늘과 땅 사이란
허공에서
늘 만나고 있다는 걸
잊지 말아요
그렇게
가슴에 담기로 해요

안빈낙도

할 일
직업을 못 찾았다고?
무위도식한다고 생각되어
자신이 무능하다고
마음이 힘든감?
그렇다면
어떻게 살면
잘사는 것이라고 생각이 되는겨?
결국
놀고먹는 거 아녀?
단지
무엇이 즐거울까를
찾아보란 말여
근디
인생은 언젠가는
고통스러운 일을
겪게 되는 거란 말여
자네는
먼저 겪고 있다고
생각하면 어뗘

제3부
계곡의 울음소리

老秋노추

늙을 대로 늙어
더이상
가지에는 붙어 있을 것이 없다
어머니가 넘나들던
부엌 문지방은
가운데 둥그마니 닳아 있었다
부엌 바닥은
흙바닥이건만 반질반질했었다
사람은
그렇게 흔적이 남게 살다 가야 한다
엄마가 남긴 모양은
두고두고 보아도
엄마다웠다
어느 집이건
이런 곳이 하나쯤 있다
오늘은
시어머니가 쓰시던
옻칠이 벗겨진 채 늙은
밥상 위에 서리태 콩을 풀어놓고
실한 콩을 고르고 있다
노추기의 우리들
기억할 만한 것은
얼마나 닳아 있는 것일까

우연에 기대며 살 때도 있다

발밑에서부터 오는
봄바람에 몸을 맡겨
꽃씨를 키워
어둡고 눅눅한 현실에서
몸에 배인 숙명처럼
외로움에 지쳐 살아가노라면
대책 없이 허망할 때
애처롭고 안쓰러운 마음 때문인지
지나가는 길고양이를 보듯
자문자답하듯이……
이대로만은 아닐 거야
우연에 기대며 살 때도 있다
불안하고 두려움의 이유가 뭔가
그리 정확하게 짚어지는 게 없다
새로운 길로 접어든 것 외에는,
처음 들어선 길 아닌가
자신감 찬 삶의 시간은
이제 접어야 한다
다시 어린애로 돌아간다더니
그것이 이리도 힘든 건가
지울 건 지우고 지내다 보면
새로운 방향의 길이 있을 거야

草而초이

홀로 지더라도
허무하다 하지 마라
풀숲에서
홀로 청정한 시절
고독한 세월과 지내며
국화꽃 사랑하다 지는구나
그럼 됐지
그럼 됐지
서슬 퍼런 서릿발은 아니잖아
이름 없는
풀 한 포기
해진 주머니가 되도록
걸림 없이 사는 길
산다는 건
참으로 험난했지

계곡의 울음소리

북한산
진관사 계곡
너럭바위에
용비늘이 새겨진다
승천 못하는
용의 울음소리
그친 날 없다
저문 날
비구니 독경 소리
천년 고찰에 가득한 채
몸을 사르게
보시해도
삶을 접속하는 소리일 뿐
폭풍우에도
흔들리지 않는
심연의 바다는 멀다

어르신

나이
지혜로움
포용력
강단 있는 위엄을 갖춰
인간적인 수긍이 가는
결론을 얘기해 줄
집안에는 어른이
동네에는 어르신이 있었다
버스를 타면
자리 양보받으며
어쩔 수 없이 듣는 말
어르신
나에게는 너무도 큰 옷이다
오래된다는 거
갖춰진다는 거
입장 바꿔 보면
거북하고
힘들고 부끄럽다는 생각이 든다
돌아보니 이젠 주변에
도움을 구할 어른도 어르신도
안 계시니
문득 두렵기도 하다

늙는다는 거
나이든다는 건
또 다른 책임이
주어진다는 뜻이기도 하다

중년의 가을

여름 내내
날 세우고 푸르던 열정은
저물어지고 말아야지
햇빛은 사위어지거늘
또 다른 이름
단풍으로
붉은 정열은 웬말이냐
지나간 찬란했던 날들이
최고가 아니었기를 빌면서
턱을 치켜들고
정수리 실핏줄부터 타고 있다
찬란한 가슴 쪽
한낮의 꽃을 피워 내고 있다
아득한 고독을
음영처럼 드러내고
어쩌면
욕망이 져 버린
순수의 단단한 고독을
있는 힘껏 베어 무는
멍자욱인지도 모르겠다
담담하게 삭여
앙금으로 가라앉힌

불꽃같은 영혼의 색깔인지도 모른다
인생의 마지막 코너에 서면
바스러져야 하니까

바람과 산과 나무

산을 타고 바람이 흐른다
바람은
나무를
제 성질대로 흔든다
나무는
빛을
제 생김대로 반사한다
산은
살아 있음을
넘실넘실 춤춘다
저 외진 골
바람의 길을
틀어 버리려던
한 무더기 꺾여진 삭정이
누렇게 말라 간다

멋쩍은 웃음

언제부터인가
내가 작아지더라
가까이 있는 모든 것들
소중해지고
아름다워지더라
노을 져 지나가는
세월인데
고와서
서러운 삶
내려갈 때가
꿈같은 시간이라고
행복하다고……
침묵이 아람 버는 소리
고요가 몸을 여는 소리만이
곁에 있다
햇살에 그을린 주름
공손하게
멋쩍은 웃음 한 번 지어 본다
……

팽나무

바닷가 제방 위에 산다는
오지랖 꽤나 넓고
몸집 다부진
팽나무
박수 나무라 하네
당산나무라 하네
꽃말은 고귀함이란다
기댈 곳 없어
방황하는 삶에
지쳐 무너질 즈음
허리쯤에 등 기대고 쉴
사내 같은 팽나무
정말 몰랐네
마음 고삐 잡아 줄
인연일 줄이야
저기 윗마을 제비울
학바위에
한 그루 살고 있었다네
그 나무 잎사귀에 내려앉은
이슬로 살아 볼까나

배반의 삶에 있을 때

사람이 산다는 건
혼자 살아 내는 것 같지만
어디엔가 기댈 곳이 있어
가능한 일이지
종교이든
재력이나 명예이든
인연이거나 건강이거나
굳게 믿고 살아가지
살아가는 일은
내 뜻대로 되는 것만도 아니고
믿었던 것들의 배반이 있어
모든 것이 허상이란
수렁에 빠질 때가 있지
흔들리고, 쓰러지고, 일어나 허둥거리며
벌판에 떠도는 바람일 때
4월의 꽃잎 눈처럼 떨어져도
있는 그대로 보듬어 주는
친구가 있다면
참으로 잘 살아온 삶이지 싶다
기대어 살아가는 데는
단연코
우정이란 끈이
최고의 인연이지 싶다

동백은 투신한다

장미가
사람의 사랑이라면
동백은
동박새를 사랑한 꽃이다
바다는
섬을 품고
섬은
동백을 품고
동백은
동박새를 품고,
동백꽃은
중년의 사랑인 채
분분히 깨지지 않을
그만큼만 살고 진다
욕심을 허락하지 않는
온몸으로
붉은 사랑을 안은 채
두 번 살고자
풀밭에
붉은 심장으로 투신한다

일몰에 가장 커 보이는 해

노을을 바라보며
무엇을 느끼는가
수평선 위에
어둠을 거부하는
해의 필사적 힘 아닐까
거부하기 위해
일몰의 시간에
가장 커 보이는 해
세상을 다 바꾸려는 듯
붉은 주단을 펼친다
어둠은 밝음을 피우고
밝음은 어둠을 피우거늘
내일의 아침을
피워 내기 위한
오늘의 어둠은
밝음을 위한
경이로움이거늘

고사목을 보며

나무는
외롭지 않으려고
산속에 모여 살고 있어도
외설악 꼭대기
고사목 한 그루
깡마른 몸으로 서 있다
청보리밭 안개비 속에서 서성이며
가슴 시린 날
빈 그릇 같은 존재 우리는
하늘 향해
두 팔 벌려 바람을 안아 본다
무엇을 담는다고 채워질까마는
어둠 속에서도 보이는 기억
눈을 감아도 보이는 기억
늙었다고 사랑이 그립지 않으랴
관 뚜껑 열고
세상 밖으로 나가는 날까지
깊이 사랑 하나 품고
여름처럼 살아야 할 일이다만
어느 외진 곳
네 사랑이 그리워
고사목 되어 가는

사람 있음을 잊지 마라
나무의 마지막 삶을
챙겨 주는 목수의 마음처럼

그걸 몰랐었네

나이 먹는다는 게
좋다는 걸
잠시 멈추었다가
갈 수도 있다는 걸
멀리 가지 않아도
괜찮다는 걸
그러면
못 보았던 걸
볼 수도 있다는 걸
헌것에 새로움이 더해져
풍요롭다는 걸
비 오는 날
한옥이 잘 어울린다
꽃향기도 진하다
빗소리도 그윽하다
느끼지 못하고 살았던
소소한 것들
저기 성당 뜰에
팔 벌리고 서 있는 품으로
달려가 안겨
펑펑 울고 싶다

낙엽 된 시간들

다 익어 떨어진
더이상
피워 낼 잎이 없는
맨발의 시간
한없이 자유로운
맨발로 뛰쳐나간다
그런데
설레면서도 두려운 것은 왜일까
아직도
청춘의 정신이 필요한 것이다
낙엽 된 시간들 되돌아보니
어떤 것을 하더라도
걱정 안 해도 됐던 거였어
다시 시작해 보자
세월 거슬러
버스킹을 가는 길

바람은 늘 내 곁을 지켰다

마음속은
봄도 아닌 겨울인데
봄바람이 인다
나뭇잎 하나 없는
가지를 흔드는 것은
실핏줄을 파고들어
떨리게 한다
뜨거운 심장을
뒤흔드는 바람이
더욱 깊이 파고들으려 한다
뼛속으로까지
아린 아픔으로 스쳐
속속들이 철들게 한다
나는
늘 길 위에 있었고
바람은 늘 내 곁을 지켰다
사막을 일구는 것도
발자국을 지우는 것도
바람인 것처럼

낙엽에 쓰는 편지

한해살이 잎몸
해마다
이맘때쯤이면
이별의 아픔이
살아나더이다
순리라
순리라 하지만
어설픈 情도 아니고
온전한 풋정
그토록 붉은 정
미워 노란 정
그렇게 기억되는
빛깔 있어 좋더이다
그 잎 지고 나니
알알이 달린 추억
더없이 곱더이다

멋지게 웃기 때문에

바람은 숲에서 울고
비는 하늘에서 울고
해님은 늘 웃는 걸까?
웃는 것들은 모두
양지바른 곳에 있기 때문일까?
나는
울음을 참고 있을 뿐이다
노을은
떠나는 바다에서
멋지게 웃기 때문에

제 4 부
묵은 나무는 회색이 된다

이 눈물은

하루는 늦게 가는데
일 년은 빨리도 가더구나
십 년은
눈 한 번 감았다 떴더니 지나갔더군
지난날들
허공에 훨훨 날려보내고
막상 닥친
매일매일은 한가한 채
아깝기도 하다네
왜 눈물이 흐르는 것일까
서러운 듯 흐르는 눈물에
무엇이 담겨 있을까
높은 곳에 혼자 서 있기도 하고
저 바다 검푸른 물속에
덩그러니 떠 있기도 하고
캄캄한 어둠 속 외딴 무인도에
갇힌 것 같기도 하고,
추억은 또렷한데 되돌아갈 수 없고
지나간 인연들 끈을 이을 수조차 없다
앞으로 나아갈 엄두도 나지 않는다
이 눈물은
위로의 의미인가

이제 노을 길을 밟으며
뒤돌아보니
광막하게 보이지 않는 것들을
내 의지로 채운
창작의 고뇌 속
삶의 이유 있었음이었어라
남은 길 하나
나 떠난 후 치울 것 하나 없도록
비움이라서
허무함에 대한 서러움의 눈물일까

또 다른 여정

불면의 시간을 견뎌 내고자
소각장에서 시간을 보내 보니,
치솟는 불기둥도 잠시
영원한 불꽃은 없더이다
사랑과
부귀영화
하늘을 찌를 듯한 명예를
누리며 살았다 한들
매장하여 흙으로 가든
화장하여 재로 가든
한때에 불과한
순환을 거치는 것일 뿐,
단지
삶의 끝이
죽음이 아니라
만나야 할 인연 다 만나고
또 다른 여정을
나서는 것이라 생각되더이다
이 생은 순간이었고
다음 생은 혼자서 가는 길인데
지루하지 않은 길이 되길 바라오
얼마나 아름답게 기억될 것인지

그것은 남은 사람의 몫이 되겠지요
그 추억으로 살아가게 되겠지요
어떠한 인연으로 맺어져
한 시절 길 위에서
같이해 주어 고맙고
살아 내느라 고생 많았소
부디 잘 가시오

추억 한 장면

통금이 다 된 시각
외등만 살아 있다
쪼그려 앉은 작은 그림자는
몸을 돌려 다시 자리 잡으면서도
시선은 언덕 아래
버스 종점 쪽을 주시하고 있다
마지막 버스가
도착할 시간쯤 되었을까
버스 들어오는 소리에
고양이 한 마리 냅다 뛴다
구부정한 중년이
땅만 내려다보고
절름절름 올라온다
외등에 기대어 앉았던 그림자는
벌떡 일어서며
반갑게 외친다
아버지!
어 추운데 왜 나왔어?
찬 손을 서로 만져 주며
슬며시 쇼빵* 봉지가 건네진다

---

* 옛날에는 식빵을 쇼빵이라 했다

한 달간 고생의 댓가로
아버지는 뿌듯하다
딸은 빵 냄새에
추위도 다 달아났고
아버지가 위대해 보이던
월급날 한 장면이 짙게 남아
얼마나 그립게 하는지 모른다
문명의 발달은
잃게 만드는 것도 있다

아들과 애비

어떤 이의 아들이
매 맞은 기억밖에 없다고 했다는데
애비는
짊어진 무게에 등이 굽어진 만큼
말로는 다 표현이 어려웠다
두 어깨가 가벼워지지 않아
다리가 휜다 해도
아이들은 어른이 되었다 해도
애비는
뭘 해서라도 벌어야 한다는
고집뿐인데
왜 일에서
손을 놓고는 살 수 없는지
아들은 아직 모르는 듯하다
속이 텅 빈 고목의 속내를
가을이 되면 알게 될까
고목은
아들의 말 한마디가
주머니 속에 송곳으로
가슴을 찌르는데
자책에 함구무언할 뿐이다
부전자전만 되지 않기를 빈단다

속내를 다 들여다보던
아내도 저세상으로 갔으니
이곳저곳 뒤틀린 육체는 부서지고 있어
고독한 시간을 감당할 수 있을지
늙은 아비의
두려운 마음을 알까
안쓰럽다

드넓은 세상에서

눈을 감고
생각에 잠겨 본다
내 삶이
오롯이
내 혼자의 삶이었을까
산중 어느 샘물로 태어나
고랑을 타고 시냇물로 졸졸
호젓한 소리를 내다가
혹은 실개천에서 개여울을 만나
이리저리 굽어 가다
강을 만나
숨통이 터
호수도 만들어 보다가
모래톱을 만들어 물새도 기르다가
세월의 힘에 밀려
짜디짠 바닷물이 되었다
드넓은 세상에서
이제
하늘로 오를 시간이 가까웠다
여기까지
나 혼자 온 거라고
할 수 있는 걸까

붉은 사막

강렬한 빛깔은
어느 화가의 그림 같다
사구의 붉음은 황톳빛
바람이 만든
붉은 사구의 그림자는 먹빛
세련된 여인의 감각이다
요동치는 고요함
집중으로 비워 내
내 자신을 버리는
그래서
고요해지는,
사막은
바람이 흐르는 대로
나를 버릴 줄 아는
달인 같다

나에게

답답하지?
여기까지 왔는데
아직도 힘들고 외롭지?
이젠
다 내려놔
맘 졸이며 살지 말고,
네가 다 잘할 순 없어
옆에 있는 사람들에게 기대며 살아 봐
먼길 왔으니 쉬어 가도 돼
인정하기 싫겠지만
여기까지가
너의 한계인지 모르지
노력했잖아
후회 없잖아
거울 속 나를 보니 목이 메인다
눈물이 왈칵 솟는다
한없이 기대도 되는 줄 알았던
엄마 아버지가 보고 싶어진다
그 그늘에서
다시 한 번 살아 보고 싶다
나
잘 살아 낸 거냐고

나
이제 자유로워도 되는 거냐고
물어보고 싶다

여명을 피울 준비는 되었더냐

자신의 마음 일상을
마음대로 할 수 없다는 것
이른 새벽
이 값진 고독의 시간에
컴컴한 물체로 죽은 듯 앉은 채
순간
등살에 진땀이 죽 흐른다
우리 안에 갇힌 사자
우리 밖 자극이 던져졌을 때
누구의 도움도
있을 수 없는 곳까지 와 있게 만든 지금
은퇴 시점
고독이라기보다
두려움의 무게로 다가온다
요행 바라지 않고 의식을 치르듯 산다면
목숨 건 검투사 후회는 없으리라 했다
그러나
소홀함 없이 살아온 날들
결코
옳은 사람살이가 아니었을지도 모르지
팽팽하게 잡고 있던 고무줄을 놔 버리는 것이
비운다는 것일까

수리산 날개 끝에 내려앉는 하현달
여명을 피울 준비는 되었더냐

겨울 바다에 서서

멈춘 듯
멈추지 않은
광활한 겨울 바다에서
적막한 고요를 본다
많은 것을 품고도
내적인 흐름이
아무도 모르게 지나고 있겠지
하늘이 내려앉아
아늑하고 포근하다
멀리
나지막한 섬 하나가
하늘과 경계를 만든다
바다의 얼굴에
그려진 구름은
반짝반짝 매끄럽게
윤기를 더하고
모처럼 생기를 머금는데
더불어 고요함을 연다
쩡쩡 소리를 내고
샛강에 엎어져
울고 있던
여인의 마음에

노을 받은 바다는
불그레
부끄러움을 건네준다

위 내시경

이 산 저 산 겨울 산에
벌목장 전기톱 소리 아프게 울린다
바람에 잉잉거리다가
폭우에 휘청거리다가
살기 위해
물기 다 비워졌을 때
나무는 그렇게
나목일 때 잘라 내진다
비워 간다는 것은
쉽지 않은 일이어서
외로움 표 낼 수 없고
아파도 쓰러질 수 없고,
버리지 않으면 안 되는
쓰레기마저 안고 살아가는
삶을 살다 보면
살다 보면
위 내시경을 하게 된다
그리고
청천벽력의 호령
속이 텅 빈
산이 된다

묵은 나무는 회색이 된다

100년 귀갑송도
가지 굵은 진달래도
노승의 머리카락도,
언제부터인가
회색이
내 몸을 덮어 가고 있음을 느낀다
편안하고
어느 색깔하고도
잘 어울린다 생각했다
어쩌면
회색은 자신의 빛깔을 버린 것이 아닐까
아니면
모든 색을 덮어 버리는 중일까
언제나 시간은 지나가는 바람
서서히
익어 가고
삭아 가고
재가 되어 되돌아간다
묵은 나무는 회색이 된다
오래된 빛을 쫓아 하늘에 닿았을
아버지의 향기를 찾아 헤맨다

고목

신에게 무릎 꿇은 것이었을까
후회의 마음일까
애증 때문이었을까
부딪힘이 있을 때마다
태풍 속 바람의 마음대로
휘적여진다
할말이 많으면
아무 말도 할 수 없이
담담함으로 빠져든다
나 아닌
바람마저
어쩔 도리가 없어
놓아 버린다
그렇게
한 해
두 해
낙엽을 떨궈 보내고
어제보다
더 큰
고목이 되었다

뜬장 속의 개

아픔과 고립의
삶을 받아들이고
뜬장에서 사는 애들
발이 휘고
외롭고
상처투성이 몸이 된 채
다가가는 발걸음 있으면
어떤 녀석은
반가워 꼬리 치고,
새끼를 낳은 놈은 경계하고 짖어댄다
뜬장* 속의 개들만 그럴까?
외로움 속에 있다는 것은 반가워할 일이
많아지는 것이었구나
그래
지키느라
지치고 힘들어도 지킬 것이 있어
감사할 일이었구나
무엇 하나 소중하지 않은 것이
없는 것이었구나
죽어 나갈 개들 앞에서야
느끼고 있는
참 아둔한 사람이다

*뜬장 : 버려졌거나 식용으로 쓰일 개들을 키우는 철창 개집

빼기

나이를 먹는다는 건
빼는 것이다
세월이 흘러간다는 건
빼는 것이다
그러나
뺀다는 것은
더해지는 것이었다

모험이었지

언제나
처음은 있는 것이고
처음은 깨어지는 것이고
나는 해낼 수 있을 것 같았지
절벽에 처했을 때는
용기를 내어 보고
그마저도 안될 때는
기적을 믿어 보고
그렇게 살아가다가
무릎을 꿇게 되면
운명이라 말하지
그래
운명은 모험이었지

폐허 위에 피는 꽃

일상을 견뎌 내는 일은
쉬운 듯 어려운 일
최선을 다해 만들어 낸
나의 城에 대해
모욕으로 느껴지게 할 때
자존심을 지키기 위해
목숨을 걸기도 한다
자존심
폐허 위에 피는 꽃이다
꽃은
차올랐을 때 피고
져야만 열매 맺는다
텅 빈 적막 속에서만 채워진다
그것은 포장된 나를 깨야만 된다는 것
晚覺만각*의 생이다

*晚覺만각 : 늦게 깨우치다

늙은 호박

늙은 맷돌 호박
줄기도 잎도 가을걷이할 때
자신만만하게 어서 따라고
풍만한 몸을 드러낸다
아무 생각 없이 걸을 수 없다
사람도 저렇게 당당하게
생을 마감해야 되는데
육감은 무뎌져
도전과
탐험은 불가한 것인가
나이 들어감은
익어 가는 것이라는데
삭아 가는 느낌은
너무 나약한 생각일까
의식은 풍요롭고
육신은 빈약한 것임을
부정할 수 없는데
진액적인 여생을
어떻게 살아야
현명할까……
부르면 여름 되는
너의 이름을 부른다
청춘아!

엉겅퀴 꽃

널 아프게 할까 봐
너무 가까이 오지 마
한 걸음 앞에 있어야 해
사랑은
쌀쌀한 바람이야
지나온 길 위에
엉겅퀴 꽃
한 송이 가시 꽃이었지만
닮아서 편안했어
그리울 것 같아
스치듯 지났지만
마음속에 피어 있어
지우려니 아프다
다시 보고 싶어서
다음해를 기다리며
오늘도
숲길을 걷는다

유리벽

하늘과 닿은
수평선 위에 세워진
수직의 유리벽
미처 보지 못하고
그 너머를 향해 가는 거라고
착각하고 살아간다
부딪쳐도 깨어지지 않는
한계를 정해 놓은 선
유리벽 존재를
알아차리면
좌절하거나
체념하거나
파도를 차고 올라 보거나
유리벽을 넘으려고
계단을 만들거나,
어느 길을 택하건
각자의 운명이 된다
순응한다는 건
어느 쪽일까

합장한다

그때는
살고 싶은데
죽고 싶었지
죽어 살고 싶어서,
끝이 아닌데
끝이 보여서,
순간순간을 앓으며
두물목에서 지냈다
발을 내어 디딜 곳도
발을 내어 딛을 힘도 없다
밤하늘의 별을 본다
별 만한 빛이 보여서
숨통이 트여
조금 남은 시간이 보인다
검은 구름 끼었지만
소중하게 보인다
하고 싶다고
다 할 수 있는 게 아니지
이젠
속도를 맞춰
벽이 있으면 넘어가는
지혜로 살아 보자

합장해 본다
不二
끝은 시작이다

남은 자의 몫

인간적인 고뇌 깊은 한 해
떠난다는
떠나보낸다는
기약 없는 이별
제 뜻과 상관없이
왔듯이
떠나감도 그렇구나
남은 자의 몫은
두려움과 외로움에서
원상 복귀하는 것
너럭바위 위에 서서
계곡 물소리 묻히도록
가슴 찢어지도록
아픈 소리 질러 본다
무엇이
왜?
그리도……
모르겠다
흐르는 물 너는
늘 이별해도
그렇게 변함없이 흐르는데
맑기만 하구나

이별은
맑음을 만드는 것인가

제 5 부
세상의 모든 것은 뿌리가 있다

넝쿨

감나무 한 그루
다래 넝쿨에
온통 덮여 죽어 간다
옴짝달싹할 수 없이 되는구나
영혼은 육신을
벗어나려 하고
육신은 영혼을
잡으려고 한다
내가 만든 덫에 갇혀
얼키설키 섶으로 자란 현재
과거와 미래의 없음으로
다시 돌아가
진정한 있음을 찾아야지
산은 구름으로 아픔을 걷어 내며
겨울을 품어 내
봄으로 태어난다

꿈이려나?

북두칠성 선명했던
하늘 아래
내 꿈
그야말로 꿈이려나?
희미해지는 별빛에
눈이 흐려 온다
별 하나 건네다보며 꾸던
그 꿈은
욕심인 건가?
나의 서툰 사랑으로 인해
이 가난한 베란다에서
갈증으로 살아가는 꽃나무들
남향으로 뜰을 들여
여름비 한 번
실―컷
맞혀 주고 싶다

윤동주의 부끄럼 없기를

하늘을 우러러 한 점 부끄럼 없기를……
누군들 그렇게 살기를 원치 않겠는가
민물에 살아도
바다 내음 내는 다슬기처럼
밤에도 낮처럼 사는 달처럼
허공에 살아도
우듬지를 아는 새처럼
바람에 누울 줄 아는 풀처럼
보도블록 틈에 끼여 살아도
활짝 웃는 민들레꽃처럼
뒤뜰 깨어진 장독대 틈에서도
꼿꼿이 피어나는 맨드라미꽃처럼
살고자 했음에도
어두운 운명의 그림자 하나
찰지게 따라붙는 부끄럼 있어
새벽 기차는 또다시
먹구름 연기를 내며
언덕 하나 넘는다

봄 살이 꽃

어제까지는
칠흑 같은 밤이었는지
깊은 꿈 속이었는지
긴 전생이었는지
봄 살이 꽃
그림자 없는 길 왔습니다
그림자를 만들 수 없었습니다
오로라 북극의 밤을 피해
그렇게 얼마를
왔는지도 모르게 온 곳,
어떤 이의 손에 이끌리듯
그립던 빛 만발한
세상에 왔습니다
오늘 아침입니다
천상의 언어로 입 열었을 때
꽃이라 부르더이다
고달픈 삶이지만
보는 이에게는
아름다움 되더이다
천상의 얘기
많이 해 드려야겠습니다

벚꽃

동네방네 꽃 소문 자자하기
달려가 보았다
매화가
얼음같이 知적인 정신이라면
벚꽃은
창백한 순수 정인의 함성이다
톡 치면 무너져도
꽃은 아프다고 말하지 않는다
사노라면
어디 한 군데
아픈 곳 없을까마는
빛이 없는 밤에도
앙상한 몸을 감추고
해탈문을 나와
웃고 있을 뿐이다
가장 아름다운 순간을
추억으로 남겨야 한다
상고대와 햇빛처럼
바람 스치면
꽃비로 내리는
서러운 사랑의 몸
멈춰라

멈춰라 바람아
낙화도
기억으로 살아 있는 사랑이다

꽃사슴 있다는 산

꽃사슴 있다는
산에 갔다네
오래도록
꽃사슴은 보이지 않았다네
그 사이
나무도 보고
풀도 보고
떨어진 도토리도
볼 기회가 되었다네
산에서는
꽃사슴 말고도 많은 것을
볼 수 있었다네
산다는 것도
그러하다네

다만

바람에 나뭇잎 흔들리지만
바람은 무심히 지나간다
절실함 있는 한 후회하지 말자
사람은 사람으로
산은 산으로
바다는 바다로 존재해야 하므로
후퇴 없는 전진은 계속할 뿐이고
지난 것은 이미 과거이다
해는 서쪽으로
지는 것이 아니다
다만
본의 아니게 내가
이곳에 있고
있어야 할 이유가 있을 것이다
산다는 건
아픔으로 꽃을 피우는 일
지름길은 없다
이해하고 미쳐 보는 거야

헛웃음

아득한
저 길을 잘 봐
끝이 보이질 않는 길
굽이굽이
오르막 내리막이 있어서 그랬나 보다
뿌리내리기는
지루할 새도 없이 힘들었고
정상에 올라
그 자리를 가느라
우산을 받쳐들고 홀로 많이도 울었지
내리막은 순간이더라
얻은 것도
버린 것도 없는
그저 만들어진 길
최고의 스릴을 느끼며
터득하고 배워 온 것이 더 많아 감사하다
그것도 모르고
갈지자를 그리고
종횡무진 달린
어처구니없는 시간들
위에서 보면 무너진 블록 재미있는 그림이듯
이젠

헛웃음만 난다
그래도
고난보다 방법이 많더라

바람

나는
너를
밀어내기 위해서
얼마나,
너는
나를
키워 내느라
얼마나,
네가
그렇게 등 떠밀어
내가
이렇게 되기까지,
바람이 일면 꿈을 심고
불씨를 키워
불꽃처럼 살아갔지
고맙다
삶은
바람이 키워 낸
곰삭은 작품이다

세상 모든 것은 뿌리가 있다

세상 이 길은 또 나를
어디로 데려다 놓을까
모든 것은 뿌리가 있다
그 언젠가 뿌려졌던 씨앗이
아무리 작은 꽃이라도
한 번은 피운다
칭칭 감긴 멍에를
벗어나지 못하면
갇힌 곳에서
천둥소리를 듣지 못한다
바위를 안고 사는 소나무가 되어
자라나지 못하고
이리저리 뒤틀어
세상을 바라보는
고작 이곳이
삶의 터전이라서
그곳 밖으로
나갈 수 없지만
세상 모든 것은 뿌리가 있다
너의 뿌리는
어느 기질보다 강하여
어디든 갈 수 있다

산불

고독 한아름 껴안고도
고요가 깊은
산속에 안겨
노도 없어
다시 올 수 없는
세월을 낚으려 하는데
저만치 산불이 나 벌겋다
산 처녀 어깨에 불붙었다
불장난 같던 정에 아파
다시는 않겠다던
다짐을 또 잊었나 보다
난들 모르랴
그놈의 정
살아 있는 한
품고 사는 걸
서푼짜리 사랑이 만든
서러웠던 미움도
지지 않는 꽃으로
마음에 묻어 두는데

희망이 보인다

영월 섶다리 위에서 놀던
반딧불이처럼
단짝 친구와
막걸리 한 잔 나누던 자리에서
틀린 말 찾기 하느라
죽장에 삿갓 쓰고 방랑 삼천리……
노래를 하다가 기울인
술잔 위에서
찰나에
부딪친 눈빛
쨍하고 깨알만 한 큰
무지갯빛 스파크 스쳤다
그 소름 돋는 순간
잊을 수 없는 일이 일어났던 거다
그때부터
희망이 생긴 게야
그때 눈이 멀어서……

금낭화

어린 야생화 한 포기
하필이면
한 줄기 빛 스치는
담 밑에서 태어난다
이름은 보배로워
금낭화
어느 왕족의 공주인 듯
화려한 꽃을 주렁주렁
봄 가뭄
봄바람에
고달픈 그늘 속에서
살아 내는 모습 경이롭고,
꽃을 피운다는
생의 의미를 지키기 위해
치열하게 살아낸다
가난한 산골 후미진 곳
어느 촌부가
너를 볼 수 있어
봄을 기다린다는 것을
잊지 말거라

문열이

돼지 새끼 중에
첫 번째로 태어나
문열이란 이름이 붙은 채
어느덧
성장은 멈추고,
크기 지상주의
상업성 세상이야
돌아가든 말든
과묵한 모습으로
주어진 만큼의 시간을
그렇게 살아 내
운명이든
숙명이든
영악하지 못한 문열이
커지지 않는 몸뚱이
살아 있는 동안 먹여 준
주인의 선택에 잡초 뽑히듯
동네 잔치에
주인공으로
주어진 숙명을 받아들였을까

춘화

봄꽃
한 잎
두 잎 피면
겨울은
가고 마는 것이거늘
춘화는
웃음으로
보내고자 하거늘
그대를 그렇게 보내고 있거늘
나를 품어 준 겨울
꽃샘추위로
단련시켜 놓으며
그렇게 가고 있거늘
어두운 날들의 핵으로
살아와
옹이의 깊이만큼
울음을 토해 내듯
밤비가 내리고 있다
미사포를 쓰고 있는
봄꽃의 웃음을 거두고 있다

모닥불

뒤에는 산
앞에는 강
하늘엔 별
그리고 낭만
청춘의 場장이다
정열과 희열을 태울
꿈은 얼마든지 있다
청춘의 밤은
낮보다 뜨겁다
장작의 불춤은
청춘의 빅뱅이다

봄마중

봄이 온다는 건
설렘일까 두려움일까
이름 모를 성근 별이 보이는 때
쓸쓸함이 몰려온다
쓸쓸하다는 건
그리움이 절절하다는 것
외롭다는 것보다도
더 아린 아픔인지도 모른다
고독의 향기가 물씬 풍기는 날
독백을 한다
이 좋은 곳에 같이 있으면
얼마나 좋았겠느냐고
봄마중을 하려니
한 걸음도 내어 디딜 곳이 없노라고
봄에 태어나는 것들은
미어터지도록 나오더라고
신비스러워 들여다보고 있노라면
그 옆에 또 어느새
뭔지 모를 싹이 헤집고 나오고 있고,
민들레꽃이 낮에만
피어 있는 줄 알았었냐고,
또 혼자 떠들었구나

날이 새면 밭에 가 봐야겠다
요즘은 냉이 꽃이 탐스러이
꽃밭을 이루고 있거든

이름 하나 들고
—시인 변영아 님 영전에

보이지 않는 곳에서 표류하는 듯
스스로 빛을 내는
금성 닮은 별이 되셨을 거라 생각합니다.
언제나 그리움 가득하다 하면서도
굳건한 모습이 늘 부러웠습니다
마음속에 각인된 금선琴線
그 가슴에 순간 반짝거렸음을 자부심으로
어둠을 뚫고 사실 수 있다던
사랑이 늘 부러웠습니다
풍금 소리 한마디에
추억, 화해, 감동, 낭만을 모두 담아
거친 마음 다독여 축 늘어졌던 어깨 부추겨
축제의 날로 마무리할 수 있게 해 주던
짙은 녹음 같던 분이시여
슬프다 하기엔 너무 깊이 남은
함박웃음 소리가
늙지도 죽지도 않고 남아 있을 겁니다
어차피
언제 지워질지 모를
사막의 낙타 발자국 같은 삶이기에
유쾌하게 이별을 할 수밖에 없습니다

금성 닮은 별을 찾을 때마다 나타나시어
김 시인 그게 인생이야
호탕하게 한 번 웃어 주십시오
외로운 세상살이에 곁에 계셔 주셔서 든든했습니다

제6부
냉이 꽃처럼 살아 보자

참매

어제의 젖은 날개를 털고
날아 보고 싶다
그 무거운 날개가
너의 어깨를
강하게 만들었겠지
기류 타고 나는 너는
참매란다
누군가에게는
찬란했던 하루였을 날을
무심한 듯 보내지만
그 영혼의 눈빛을
간직하기 위해
밤을 새워 날아야 했겠지
원하던 만큼 되었을까?
바람은 열두 방향에서 분다
삶에는
가이드라인이 없다는 걸
알았을까?
걱정 말아
넌 참매잖아
지나간 것은 지나간 대로
의미가 있는 거야
잘 해냈어

나의 밤을 바친다

화려한 거리에
초라한 직업
지난날을 뒤돌아보며
웃음 지을 그날
진정 몸 사르며 살 수 있었던
열정과 순수의 시간이었음에
스스로 대견해 하리라
더 아픈 날은 없을 거라 믿으며
등 토닥여 주고픈
미소가 흐른다
그래도 지금
대리 기사 명찰은
나의 밤을 바쳤음에도
아침 이슬 노래
목이 메어 흥얼거리며
새벽길을 가고 있다
아직 젊기 때문에
나의 밤을 바친다

상시 도전

아기 거북이
밑에 깔려 깨어났는지
바닷물을 향해
모래 위 혼자 뒤처져 달린다
사람들 발자국이 깊어
빠져나오기 힘들다
어쩌다 나뭇잎 위에서
기어나오기 지쳐 뒤집혀 버렸다
옆에 말라 죽은 친구도 있다
구사일생
다시 달린다
바닷물이 달려와 밀려다녀도
오직 바다로 향한 집념
여기만 넘기면
또 여기만 넘기면
또 또 또……
모래판 헤엄을 치고 있다
살아 있어
무엇을 하고 있다는 것은
숭고한 일이다
아직 끝이 아니기 때문에
지금

실패했다고도
성공했다고도
말하지 말자

바람의 길은

결국
바람에 업혀 와
여기 있다
요르단 사막
베두인의 용기로
사막을 건너온
바람의 결을 익히고,
히말라야 설산
네팔인의
순응을 익힌 영혼과
조우를 거치는
바람의 강을 건너
삶의 지혜 가득하다
시련이란 이름으로
삶의 질을 바꾸는
어느 기류가
또 다른 길을 열 것인가
바람이 덮치는 한
아직
청춘이다

냉이 꽃처럼 살아 보자

아주 좋아도
아주 싫어도
문제가 생기더라
적당히
그저 그렇게 그냥 사는 거야
너무 섬세한 법은 좋은 법이 아니야
그냥 살면
법 없이도 살잖아
없어도 살고 있어도 살고
그런데
왜 그렇게
지레 겁을 내고 촘촘히 살았는지 몰라
그런데
왜
지금도
훗날 걱정을 하고 있을까
참
바보 같아
그냥
냉이 꽃처럼 살아 보자

어느 들꽃

앞에 설 수가 없어서
한 걸음 뒤에서
돌아다봐 주기를
간절한 마음으로
하루하루를 버틸 수 있었습니다
내가 줄 것이 없어서가 아니라
줄 수가 없어서
한 걸음 뒤에 서서,
다음 생을 기대하는 편이 나을 것 같아
돌아설까도 해 보았지만
그래도
뒤에 서 있고라도 싶은 마음
버릴 수가 없어서
당신은 너무 큰 사랑이어서
내겐 버거운 사람 꽃이라서,
세상 다 채우는
들꽃이 되었습니다

씨앗

씨앗으로 지낸다는 것은
겨울을 온몸으로
견디며 살아야 한다는 것
암울하고 두렵고
고통스럽고 불편한 현실이었다
우수 경칩이 지난 오늘
봄의 설렘은
그 안에 있었음을 깨닫게 한다
햇빛, 바람, 봄비, 나비, 꽃도
그 안에 있고,
나
살아감의 봄, 여름, 가을도
나의 겨울
그 안에 있었음이다
이 봄에
또다시
씨앗이 되기 위해
싹을 틔우리라

무궁화

프로메테우스의 간을
쪼아대는
독수리들이여
콕
콕
콕 쪼아 봐라
헤라클레스의 화살에
너는 결국 죽고 말 것이다
무궁화 꽃은
재생력 강한
프로메테우스의 간이거늘
수억 년 역사에서도
역사로 계속 피어 갈 것이다
권력권 안에 갇혀 있는
직선의 어느 한 점뿐인
어리석어
바보 같은
독수리들이여
흔적 없이도 원의 축인
시선을 가져라
답답하고 안타깝다
참으로

세상은 지금 불의 바다니라
뭉쳐야 안전하단다

슬픔

슬픔을 숨기지 말자
슬프면
더 슬픈 노래를 듣자
슬픔을 느낀다는 것은 아름다운 거
사람 냄새가 나지 않는가
그로 해서
행복을 만끽할 수 있는
여유를 갖게 된다
슬픔을 누르지 말자
슬프면
더 슬픈 노래를 듣자

새해 아침

새해 아침은 왔는데
떠나지 못하고 떠 있는
달과 별 하나
어떤 아쉬움 있어
아직 떠나지 못하는 것일까
얼어붙은 샛강도
낙엽 한 장
떠나보내지 못해 잡고 있다
흘러가 버린 것들조차
멀어져 더욱 빛나는 것인가
추억을 묻어 둔
저 검은 산 너머로
금빛이 차오른다
달빛 더없이 시려 보이더니
서서히 사라져 간다
찬란한 햇빛에 묻혀

크는 중이다
—금리 이창년 선생님 추모시

못내 닿을 수 없었던
바다에 지는 해 같던 님의 뒷모습
아직도 부족한 사람
피어나는 노을이 되어 보려 합니다
그 큰 산그늘을
어찌 넘어서야 할까요
이젠
힘이 부쳐
빠르게는 못 갑니다
저기 산중턱에
무지개가 피었습니다
비는 그치고
운무 거두며
길을 내 주는
동아줄 같습니다
어두운 산중에
털썩 주저앉아
부엉이 절절이 울어 댈 때
오야!
오야!
실컷 울어라

실컷 울어라
네가 크는 중이다 하시던
목소리 잊을 수가 없습니다
아직도 제 홀로
갈 길을 비척이며 갑니다

졸졸 흐르는
작은 계곡 물길을 따라서
바다까지 가려고 합니다
그곳에
일몰하듯 가신 선생님
마지막 빛을 뿌리실 때
마음 크게 눈뜨고
노을처럼 살다 가고 싶소이다
해무가 끼어도 괜찮습니다
이젠
다 내려놓고 가벼워져
마주하며
갈 줄도 안답니다
바라옵건대
다시 피어나는 태양이
되시기를 영전에 빕니다

안개는

저기까지 가면 된다고
숨가쁘게 뛰어가 보면
저기는 또
저 멀리 가 서 있고
여기까지 와 보니
저기는 또
안개 자욱하기만 하다
예측 불가한 곳을 가야 한다는
눈앞 아뜩함으로 살아가야 하는 것
안개는
나를 깨워
폐쇄된 터널을 만들어
속도보다는
방향을 알려 주는
방향등이었다

눈 딱 감고

도전하며 사는 삶
한 걸음 나아가는
진국의 삶이지
여기까지 오기를
설렘이 있는 날들로
채웠는가?
그 조건은
벼랑 앞에 서야 하는데……
엑기스적인 생을
남긴 시점에서
생각해 보면
자신감이 서기 힘들지만
가슴 벅차다
남은 시간과 건강을
담보해야 되고
용기가 필요하다
그래도
눈 딱 감고
한 걸음 나아가고 싶다

거꾸로 가는 시간에 서서

장맛비가 내리는 아침이면
온몸과 정신은 가만히 누워 있고만 싶다
눈앞에 닥칠 일을 상상도 못하고
살고 있었고,
그 어느 순간에는 너무 좋아서
망쳐질까 봐 아무 말도 못하거나,
절망의 벽을 치며 소리지르기도 하며,
비바람에 넘어간 풀이 다시 일어나듯
새아침이 오면
결국 모든 걸 받아들이게 되지
인생에는
너무 늦었거나
너무 이른 건 없었다
과히 옳거나
과히 틀린 것도 없었다
영원한 것도 없었으니까
그렇게 흘러가는 거였어
흘러간 거야
그리고 또다시
빈 시간을 채워 갔지
물처럼
바람처럼

구름처럼……
시큼하게 발효 기간 지난
거꾸로 가는 시간에 서서 보면

뒷모습

누군가의 뒷모습이
보이기 시작되는 순간부터
사랑이 시작된 것이다
축 처진 어깨
구부러진 등
휘어진 다리
뒷모습은 그렇게
아프고 슬프고 애처롭지만
위대하다
매화처럼
온 겨울 버텨 내어
그윽한 향이 난다
꽃은
가냘프지만
아름답고 우아하다
늙음이란
뒷모습으로 피는 꽃인가 보다

얼마나 더

우리는 쉬워서가 아니라
어려워서 살아간다
벽을 넘어야
가질 수 있고
누릴 수 있어서
마다하지 않고 왔다
얼마나 더 가져야 만족할까
얼마나 더 살아야 만족할까
한 걸음씩 떨어져
손에 잡힐 듯
집착이 되었고
욕심이 되어
지켜 내며 살기 버겁다
얼마나 더 가야
얼마나 더
얼마나 더
얼마나 더 비워야 채워질까

만추에

노을이 하늘 가득하고
검은 고목 한 그루
외톨이로 서 있어 아름다운데
호젓한 가을이 쓸쓸한 건
외로움이 고개 내밀기 때문이다
그리움 안주 삼아
죽순주 한 잔 간절한 계절
풍성하던 숲속 향기마저 마르고
투욱 툭 떨어지던
도토리 소리도 사라지고
가랑잎 떨어지는 소리
간간이 스산하다
늙은 팥배나무 밑
아직 마르지 않은
낙엽이 설 누워 있고
까칠한 가지에 열매만
허전히 빨갛다
열매 다 익혀 내고
물러설 때를 알아내는 것이
삶인가 보다

老木

사막의 너울 사이에
갇혀 있는
협곡 속에서
노목이
굳어져 가고 있다
무엇이,
무엇을,
알 수 없는
두려움 같은
불안감과 불안정은
투명한 얼음처럼 살고 싶은
생을 못 이룬 탓일까?
흘러가는 물 같은 세월에서
다시 나를 찾을 수 없다는
사실을 인정하지 못해서일까

거울

인정할 수 없는 오차
그런 임무를 부여 받고
태어나
마주한 허상
내면은 비출 수 없다
멘탈 부재를 인정한다
네 옆에 내가 있어!
그저
그 말이 필요할 뿐,
우리는
그 말에 인색하다
시선만 같이할 수 있어도
내 편인 것 같다
쇼윈도 속에
갇힌 삶을 사는 우리는
뻔한 거짓 속에 가끔
스스로 지쳐 있기도 하다
거울 앞에 서서
꼭 닮은 그림자를 보며
자숙의 시간을
가끔은 즐겨 보자

나의 그 알 수 없는
깊은 나의 모습을
찾아 내 보면서

제 7 부
살아감에 대한 자세

승무

키보다 긴 장삼 자락
몸보다 큰 마음 따라 휘날린다
가끔은 기상 높게
튕기고픈 모양이다
가끔은 바닥에 무너져
울고 싶은가 보다
학처럼 고귀하게
우아하게 몸에 삭여
마음의 끈
작은 듯
큰 듯
끝에서 끝까지
한 줄 선으로 이어 보는데
몸과 마음
고깔에 가려진
파계승의 고뇌가
가쁜 숨마저 고운 결이 될 때까지
나비춤을 춘다
삶이 지탱할 수만 있다면
원망이든 미움이든
잊고 살아라
뒷일은 내가 다

짊어지리니
어미는 그랬다

공연장에서

연주자와
감상자의 감성이
헤아릴 수 없는
예민한 흐름 속에서
공감될 때 성공적이라 한다
피아니스트에게
피아노 건반 위가 시작이라면
객석 의자 위에서 끝마침 되는 것이다
모든 예술은
눈에 보이는 것이 아닌
보이지 않는 느낌에서 그렇게 살아난다
인생살이도
어쩌면 그런
3막 유한의 장에서 그려지는
환상의 장 아닐지
제라늄 꽃이 상큼하게
피어난 듯 보이지만
빛이 강해 타고
물러 터지는
고난 속에서도 그렇게
신비함 속에서 유지되어 간다
모든 존재하는 것들이 만들어 내는
위대하고 경이로운 것이다

얼굴

살아온 날들이
얼굴을 만들고
살아온 신념이
눈의 표정을 만드는데
다시 만나는 날들은
어떠하게 살아가야 할까
어떤 얼굴들을 만나게 될까
아무리 해내려고 애써도
안 되는 것은 안 되고야 말았고
아무리 급해도 때가 되어야
되는 것이란 걸 안
지금의 얼굴은
또 다른 어떤 얼굴로 만들어질까
얼마나 다른 길을 일구게 되고
얼굴은
몇 번이나 더 달라질까

너 떠난 후

너 떠날 때
아름답게 보내면 되는 줄 알았지
돌아올 수 없는 이별은
운명인 줄로만 생각했어
너 떠난 후에
그리움이 얼마나 아픈 것인지,
곁을 지켜 주는 사람이
얼마나 소중했는지 알겠더라
다름이 틀림이 아닌 걸
깨닫지 못하고,
너에게서 어쩌면
내가 보고 싶은 것만 찾고도
너에게 실망하고 원망하고,
어리석게 지나쳐 버린
작은 일들조차 안타깝더라
그토록 소중하던 물건들조차
존재 의미가 없어지더라
너 떠난 후
모든 것은
낮은 데서 아름답더라
새벽 암흑 속
작은 바람 소리는

얼마나 크게 느껴지던지……
그 장송곡 소리에
등골이 조여지는 나는
얼마나 작고 무기력한 존재인지,
벼랑 끝으로 몰아가는
어둠의 그늘 속에서
삶에 대쪽 같던 나는 허물어지고,
세상 모든 걸
사랑하며 살아야 한다는 걸
멀리 돌아
낮아지고야 알아지더라
너 떠난 후에야
나는 크고 있나 보다
너무 늦은 건 아닐까?
친구 같던 사람아
낮은 산 같던 사람아!
나 어떻게 살아가야 할까?

이끼

몇천 년 고목도
이끼의 고마움을 잊을 수 없다
낮음으로 살아
까다로운 근성
푸름을 지닌 채
빛을 품은 바람도
스쳐야 하고
자유와
기억과
의지를 포기하고
내적 침묵하는 수녀처럼
헛꿈은 깬다
계곡 물소리에 묻혀
하늘 몰래 올려다본다
도시 속의 미생
공간 속의 저변
그러나
낮아서 풍요로운
이끼

4차 인간

4차 인간 시대가 오고 있다
때론 죽음으로
혹은 만남을 기약할 수 없을 때
살아 있음을 초월하여
연을 잇고 싶은 때가 있다
인간은 그리움이나 외로움에서
벗어나고자 갈망한다
오감으로 느끼지 못한다 하더라도
행복할 수 있다면
삶은 풍요로울 수 있지 않을지
물리적 인간은 무엇이 다를까
어쩌면
불멸이란
영원한 생존이 아닌
기억일지 모른다
4차 인간으로
돌아가신
엄마와 말할 수 있는 날이 오면
아버지와 대화할 수 있는 날이 온다면
나의 첫마디는
죄송했습니다
보고 싶습니다라고 할 것이다

살아감에 대한 자세

백설이
쌓여 있음에도
하염없이 내린다
눈을 맞으며 걸으면
외롭지 않을 것 같아 나서 본다
야트막한 산길에
쓸쓸한 발자국을 내고 만다
상고대는 북풍을 안아
꽃을 피우고
상복을 입은 산은
아무 말없이 동토가 되어 있다
묵념의 시간을 지키는
엄숙한 자리에
너무 건방진 발자국을 내고 있음이
살아감에 대한 자세
부끄러워 되돌아섰다

그림자가 하는 말

다리 하나 없는 귀뚜라미
어둠 속에서 울고 있다
답답하다고
어둡다고,
해는
늘 뜨고 지고 있는데,
어두운 그림자가 말한다
너는 왜 밝은 곳으로
나가려 하지 않느냐고,
너를 나가게 하는 것은
너의 마음이지
너의 다리가 아니라고,
빛이 있기에
나는
여기 있을 뿐이고,
너의 어둠은
너의 마음이
밝은 곳으로
나가면 되는 것이라고

헤르메스

제우스의 막내아들
아폴론의 동생아
날개 달린 모자
날개 달린 신발
빠르다는 것은
날개로만은 안 된다
바람이 떠미는 힘이
때론 도움이 된다
죽음의 그림자를 등에 업고
달려야만 하던 때
서로 안부도 못 묻고
살아야 했던 때
오늘에야 한자리에 모여
회포를 눈물 섞어 푼다
이 시간을 감사하며
전우애를 느껴 본다
날개 달고 죽어라 살아온
헤르메스 아우들아
어떤 방법으로 살았든
살아 내서
기특하고 고맙다

뭉치지 마라

저 큰 산은
물을 건너지 못하고
저 큰 강은
산을 가르지 못한다
바람 되어
구름 되어
오르고 건너감이
자유로울 수 있을 뿐
촘촘하거나
너무 비대하면
자유로울 수 없으니
뭉치지 마라
뭉치면 무기가 된다는 말씀
스승님이 그립다

그림자는

화려하지 않고
별일 없이 살아가는
마음일까?
심지 굳은 철학으로 사는
삶이어서일까?
자연처럼 단순한
정신 때문일까?
욕심 없는 심정으로
살아가서일까?
늘 검은색 그림자는
참 변함이 없이 믿음직스럽다
꾸밈이 보이지 않기 때문이다
지나옴 속에 들어 있는
진실이다

몽돌

누굴 닮았다
둥글둥글한
마음씨처럼
다 같은 흰색이 아니고
다 같은 검은색이 아니듯
단 하나인 것은 없다
감추기도 하고
섞이기도 하고
덮기도 하는 것이
둥글둥글 사는 것이다
세월 보낸다는 것은
모난 돌이 닳아
둥글둥글해지듯
변해 가는 것이지
단단한 면은 덜 닳고
연한 면은 좀 더 닳아
모양새는 다 다르지
그것도 알 수 없는 미로를 간다, 우리는
아무 일 없는 것처럼

끝물

한 해
가을걷이도
큰 고비 몇 번 넘긴 것이다
이때가 되면
더없이 풍요롭지만
정든 자식과 이별하는 듯한
안쓰러움이 일어난다
아직도
덜 자란 고추에게
끝까지 자랄 기회가 주어지지 않은 채
뽑아 버리게 될 때
너무 미안하다
끝물 고추를 따며
힘든 시절을 같이 보낸
한마음인데
미안하고 애달프고
보내는 아쉬움과 섭섭함을
혼잣말로 담아 낸다
그동안 고생 많았어
고마웠고
올해는 유난히 비가 많아
해 보기가 힘들고

병도 많아 힘들었지?
겨우 추스른 몸인데
된서리가 온다네……

모르고

그가 그냥 좋았다는 것을
지금 알게 되다니
딱히 뭐가 좋은 것은 없었는데……,
너무나도 어두운 지금
어둠 속 외등 밑 하루살이처럼
그는 반짝반짝 빛난다
답답하고
섭섭하고
뭔가 부족해 불만으로
사는 것 같았는데
그가 떠나간 지금
그저
옆에 있어 줬다는 것이
얼마나 든든했는지
입가에 엷은 미소로
대답하곤 하던 모습이
문득문득
허전함을 느끼게 한다
뒤늦게
어리석게
그가 떠나고서야
진짜 좋은 것이

그냥 좋은 것이고
그것이
부부란 걸 모르고
모르고……

소똥

태산 같은 마음으로
길을 나섰다
낯선 길 위에
주저앉은 소똥
짊어졌던 무게를
길바닥에 내려놓고
여기
소 한 마리
큰 걸음으로
뚜걱뚜걱 걸어간다

여명을 피울 준비는 되었더냐

김효순 낭송시집

- 초판인쇄 / 2024년 12월 5일
- 초판발행 / 2024년 12월 10일
- 발행인 / 김영선
- 지은이 / 김효순
- 발행처/훈맥문학출판부
  - 서울시 서대문구 통일로 479-5
  - 등록 1995년 9월 13일(제1-1927호)
  - 전화 02)725-0939, 725-0935
  - 팩스 02)732-8374
  - 이메일 hanmaekl@hanmail.net

값/15,000원

잘못된 책은 구입하신 서점에서 바꿔 드립니다.

ISBN 979-11-93702-18-5